BEI GRIN MACHT SICH IHR WISSEN BEZAHLT

- Wir veröffentlichen Ihre Hausarbeit, Bachelor- und Masterarbeit

- Ihr eigenes eBook und Buch - weltweit in allen wichtigen Shops

- Verdienen Sie an jedem Verkauf

Jetzt bei www.GRIN.com hochladen und kostenlos publizieren

Bibliografische Information der Deutschen Nationalbibliothek:

Die Deutsche Bibliothek verzeichnet diese Publikation in der Deutschen National-
bibliografie; detaillierte bibliografische Daten sind im Internet über http://dnb.d-
nb.de/ abrufbar.

Impressum:

Copyright © 2020 GRIN Verlag
Druck und Bindung: Books on Demand GmbH, Norderstedt Germany
ISBN: 9783346216502

Dieses Buch bei GRIN:

https://www.grin.com/document/889127

Anna Laura Klues

Biologische Psychologie. Abgrenzung von somatischem und vegetativem Nervensystem; Hypophysen-Hormone und Neurofeedback

GRIN Verlag

Sonderprüfung: Einsendeaufgabe

Abgegeben am: 28.03.2020

SRH Fernhochschule Riedlingen – Mobile University

Modul: Biologische Psychologie

Von:

Anna Laura Klues

Inhaltsverzeichnis

Abkürzungsverzeichnis

Abb.	Abbildung
ACTH	adrenocorticotropes Hormon
ADHS	Aufmerksamkeits-/Hyperaktivitätsstörung
ANS	autonomes Nervensystem
Aufl.	Auflage
BCI	Brain-Computer-Interfaces
CRH	Corticotropin-Releasing-Hormon
EEG	Elektroenzephalographie
ENS	enterales Nervensystem
GH	Growth Hormon
ggf.	gegebenenfalls
HVL	Hypophysenvorderlappen
i.d.R.	in der Regel
IGF1	Insulin-like-growth-factor 1
o. ä.	oder ähnliches
PIH	Prolactin-Inhibiting-Hormon
PNS	peripheres Nervensystem
SNS	somatisches Nervensystem
STH	Somatropin
T_3	Trijodthyronin
T_4	Thyroxin
TRH	Thyreotropin-Releasing-Hormon
TSH	thyreoideastimulierendes Hormon
VNS	vegetatives Nervensystem
ZNS	zentrales Nervensystem

Abbildungsverzeichnis

1. Differenzierung von somatischem und vegetativem Nervensystem

1.1 Somatisches Nervensystem

Das Nervensystem wird anatomisch in das zentrale Nervensystem (ZNS) und das periphere Nervensystem (PNS) unterteilt. Physiologisch bzw. funktionell kann das Nervensystem in das somatische Nervensystem (SNS) und das vegetative Nervensystem (VNS) aufgeteilt werden. Diese Unterscheidung existiert, da nicht alle Bereiche des Nervensystems für die gleichen Aufgaben zuständig sind, sondern Spezialisierungen auf bestimmte Körperprozesse existieren.[1]

Das SNS ist Teil des PNS und teilweise auch dort angesiedelt, allerdings befinden sich ebenfalls einige Teile auch im ZNS.[2] Unter das SNS werden alle Teile des Nervensystems gefasst, also peripher und zentral, die es dem Organismus ermöglichen, mit seiner Umwelt zu kommunizieren.[3] Das SNS besteht aus afferenten sowie efferenten Nerven, die zum einen sensorische Informationen durch Rezeptoren in Haut, Skelettmuskeln, Gelenken, Augen und Ohren an das ZNS weiterleiten und zum anderen Signale aus dem ZNS dann an die Skelettmuskulatur übertragen.[4] Das SNS übernimmt die Funktion der Kontrolle über den Bewegungsapparat sowie einige Funktionen der Wahrnehmung[5], steuert unsere Skelettmuskeln und sorgt somit dafür, dass wir uns willentlich bewegen. Das SNS ist dafür zuständig, alles zu kontrollieren, was wir bewusst erleben, es dient also den willkürlich ins Bewusstsein dringenden Funktionen und wird ebenfalls als zerebrospinales oder animales Nervensystem bezeichnet.[6] Zum SNS gehören einige weitere Systeme. Das motorische, somatosensorische, olfaktorische, visuelle, auditive, vestibuläre und das gustatorische System. Das motorische System dient dem aktiven Bewegungsapparat und führt zielgerichtete Bewegungen aus, wobei das Pyramidensystem zwischen Kortex und Rückenmark als eine schnelle Verbindung zur Verfügung steht, um willkürliche Bewegungen auszuführen.[7] „Die

---

[1] Vgl. Beck, Anastasiadou/Meyer zu Reckendorf (2016), S. 4
[2] Vgl. Kirschbaum (2008), S. 196
[3] Vgl. Schiebler (2005), S. 687; vgl. Tschabitscher (2011), S. 102
[4] Vgl. Karim (2015), S. 26
[5] Vgl. Huggenberger et al. (2019), S. 3
[6] Vgl. v. Bergmann/Billigheimer (1926), S. 1075
[7] Vgl. Schiebler (2005), S. 778

motorischen Bahnen stellen die Gesamtheit der Verbindungen zu dem Neuron dar, das die Verbindung mit den Effektorganen (Muskeln und Drüsen) herstellt und deren Aktivität reguliert."[8] Ist eine der Bahnen erregt, kommt es zu Muskelbewegungen. Motorische Bahnen können wiederum in somatosensorische und viszeromotorische aufgeteilt werden. Die somatosensorischen sind zuständig für die Versorgung der quergestreiften Muskulatur und die viszeromotorischen dagegen für die Versorgung der glatten Muskulatur und Herzmuskulatur sowie Drüsen.[9] Das somatosensorische System ermöglicht die Wahrnehmung der Umstände im Körperinneren und an der Oberfläche, darunter fällt die Wahrnehmung von Berührungen, Schmerz, Druck, Temperatur und Propriozeption.[10] Die somatischen sensiblen Bahnen dienen dabei der Sensibilität der Haut und des Bewegungsapparates, wohingegen die speziellen sensiblen Bahnen für visuelle, auditorische, olfaktorische, gustatorische und vestibuläre Reize verantwortlich sind.[11] Das olfaktorische System ist zuständig für die Geruchswahrnehmung, beginnt mit Rezeptorzellen in der Nasenschleimhaut und projiziert ins limbische System. Das visuelle System ist ein Teil des Nervensystems, das sich, wie der Name sagt, mit der Verarbeitung von visuellen Informationen beschäftigt. Dagegen ist das gustatorische System verantwortlich für die Wahrnehmung von Geschmack über Geschmacksrezeptoren in der Mundhöhle, die mit Geschmackzentren im Kortex verbunden sind.[12] Das auditive System verarbeitet auditive Signale, also Geräusche, die über die Hörbahn vom Corti-Organ zur Hörrinde weitergeleitet werden. Das letzte System, welches unter das SNS gefasst wird, ist das vestibuläre System, welches besonders zur Sicherung eines aufrechten Stehens und Gehens beiträgt und dem eine hohe Wichtigkeit zukommt. Es ist zuständig für Steuerung von Kopf- und Körperhaltung in Abhängigkeit vom Schwerefeld der Erde und der Augenbewegungen im Verhältnis zu Kopfbewegungen und arbeitet dabei weitestgehend reflektorisch.[13] Eine wichtige Eigenschaft des SNS ist, dass nur ein Neuron das Zentralorgan mit dem Effektor verbindet, was beim VNS nicht der Fall ist, wie im Folgenden erklärt wird.[14]

---

[8] Huggenberger et al. (2019), S. 11
[9] Vgl. Huggenberger et al. (2019), S. 12
[10] Vgl. Schiebler (2005), S. 787
[11] Vgl. Huggenberger et al. (2019), S. 10
[12] Vgl. Schiebler (2005), S. 794f.
[13] Vgl. Schiebler (2005), S. 801-803
[14] Vgl. Schiebler (2005), S. 698

1.2 Vegetatives Nervensystem

Das VNS verantwortet die Steuerung des Stoffwechselgeschehens und reguliert somit alle inneren Organe.[15] Es steuert alle efferenten Neuronen, das heißt, die Nervenzellen, die Impulse vom ZNS an Gliedmaßen und Organe weitergeben und unter diesen Nervenzellen wiederum nur solche, die keine Skelettmuskeln versorgen. Die Besonderheit hier ist, dass die efferente Strecke aus zwei aufeinander folgenden Neuronen besteht, die im Sympathikus und Parasympathikus unterschiedlich angeordnet sind.[16] Des Weiteren besteht es ebenfalls, wie das SNS auch, aus afferenten Nerven.[17] „Zielgebiete der Nervenfasern sind insbesondere glatte Muskelzellen, Herzmuskelzellen und Drüsenzellen [...] [aber auch] Fettzellen sowie verschiedene Zellen des Abwehrsystems und des Periosts."[18] Das VNS besteht aus zwei Teilen, dem afferenten und dem efferenten Teil. Der afferente Teil leitet den Reiz zum ZNS weiter und der efferente Teil leitet die Impulse zu den Organen weiter.[19] Das VNS ist insbesondere dafür zuständig, ein Gleichgewicht der physiologischen Körperfunktionen herzustellen und aufrechtzuerhalten. Sobald der Organismus belastet wird, passen Teile des PNS und des ZNS, die das VNS bilden[20], die inneren Prozesse des Körpers an. Verdauung, Entleerung, Stoffwechsel, Sekretion, Körpertemperatur und auch die Fortpflanzung, also Dinge, die wir nicht durch reine Willenskraft ändern können, liegen in seinem Zuständigkeitsbereich. Aufgrund dessen, dass diese Prozesse im Gegensatz zum SNS weitestgehend unbewusst und nicht willkürlich stattfinden, wird das VNS auf häufig als autonomes Nervensystem (ANS) bezeichnet.[21]

Beide Systeme, das SNS und das VNS können nicht immer klar voneinander getrennt werden, da sie miteinander interagieren und die Wirkungen beider Systeme meistens gleichzeitig ablaufen.

Das VNS erhält ständig Rückmeldungen von den Organen und ebenso aus der Umwelt und steht derweil unter der Kontrolle des Großhirns. Um eine präzise Anpassung der Organfunktionen an das Verhalten des Organismus zu

---

[15] Vgl. Clauss/Clauss (2018), S. 127
[16] Vgl. Schiebler (2005), S. 698
[17] Vgl. Karim (2015), S. 26
[18] Kummer (2010), S. 766
[19] Vgl. Larsen (2012), S. 13
[20] Vgl. Schiebler (2005), S. 687
[21] Vgl. Kummer (2010), S. 766

gewährleisten, ist die zentrale Einbeziehung der vegetativen Regulationen Voraussetzung.[22]

Das periphere VNS lässt sich in zwei Abteilungen aufteilen, Sympathikus und Parasympathikus. Beide Komponenten besitzen überwiegend entgegengesetzte Wirkungen.

Das sympathische Nervensystem ist für die Bearbeitung von und Reaktion auf Belastungen und Anforderungen zuständig. Das kann bspw. Stress oder Gefahr sein. Es hat die Aufgabe, unseren Körper auf körperliche und geistige Leistungen wie z.B. Flucht vorzubereiten. Erhöhung der Herzfrequenz, des Blutdrucks und der Atmung können dafür sorgen, dass der Mensch hellwach ist. Der Sympathikus wirkt somit aktivitätssteigernd und energiemobilisierend.[23] Die Zellkörper der Neuronen, die diese Funktionen übernehmen sollen, liegen in den Seitenhörnern des Rückenmarks und ihre Neuriten verlassen das Rückenmark dann durch die Vorderwurzeln und ziehen zu den sympathischen Ganglien. Dort findet eine Verbindung mit den Neuronen über Synapsen statt. Ab den Ganglien verlaufen die postganglionären Nervenfasern zu den verschiedenen Organen, Drüsen, Blutgefäßen o.ä. Die Ganglien sind durch Nervenstränge rechts und links von der Wirbelsäule von oben nach unten miteinander verbunden – diese sogenannte Ganglienkette bildet den rechten und linken Grenzstrang. Im Bauch sowie im Becken finden sich ebenfalls sympathische Ganglien. Auf das Herz und die Gefäßmuskulatur wirkt das sympathische Nervensystem erregend. Dagegen hemmt es die Darm- und Bronchialmuskulatur.[24] „Der Überträgerstoff von den postganglionären Neuronen auf die Effektoren, z.B. das Herz oder die Gefäßmuskeln, ist das Noradrenalin."[25] Ebenfalls zum sympathischen Nervensystem gehört das Nebennierenmark, welches ein sympathisches Ganglion ist und aus postganglionären Neuronen besteht. Durch präganglionäre Neuriten können diese Neuronen aktiviert werden, im Falle einer Erregung setzt das Nebennierenmark Hormone frei, die sogenannten Katecholamine, also Adrenalin und Noradrenalin. Diese freigesetzten Substanzen gelangen dann in den Kreislauf und wirken besonders auf den Stoffwechsel, was bewirkt, dass Brennstoffe wie Glukose und freie

---

[22] Vgl. Jänig (2006), S. 132
[23] Vgl. Kummer (2010), S. 767; vgl. Beck, Anastasiadou/Meyer zu Reckendorf (2016), S. 4
[24] Vgl. Larsen (2012), S. 13
[25] Larsen (2012), S. 13

Fettsäuren bereitgestellt werden und für Stressreaktionen eingesetzt werden können. Adrenalin überwiegt in dem Fall zu 80% gegenüber Noradrenalin.[26]

Ein Unterschied zwischen dem sympathischen und dem parasympathischen Nervensystem ist, dass im Sympathikus alle Nervenfasern sofort, nachdem sie aus dem Rückenmark austreten, im Grenzstrang neu verschaltet werden. Im Parasympathikus erfolgt diese Umschaltung der Nervenfasern direkt am Zielorgan in den Ganglien und nicht im Grenzstrang.[27]

Der Parasympathikus sorgt für eine Reduzierung der körperlichen Aktivität und wirkt damit energiespeichernd. In Stresssituationen ist das sympathische und das parasympathische Nervensystem gleichermaßen gefragt. Auch wenn beide Abteilungen komplett gegensätzliche Funktionen haben, befinden sich deren Aktivitäten immer in einem Gleichgewicht und sind gleichermaßen gefragt.[28]

Der Parasympathikus hat eine stimulierende Wirkung auf die Speicheldrüsen, den gesamten Verdauungstrakt, weitere Drüsen, wie die Anhangsdrüsen des Auges, verengt zudem die Atemwege, dämpft die Herztätigkeit und sorgt durch Gefäßerweiterung für die Erektion des Genitalkörpers. „Die Zellkörper der präganglionären Neuronen des parasympathischen Nervensystems liegen im Hirnstamm und im sakralen Teil des Rückenmarks."[29] Im Gegensatz zu den sympathischen Ganglien, die neben der Wirbelsäule liegen, liegen die Ganglien des parasympathischen Nervensystems dicht bei den versorgten Organen. Zwei Nervenzellen sind über Synapsen in den Ganglien miteinander verbunden. Das erste Neuron läuft hin zum Ganglion, der zugehörige Neurit ist eine präganglionäre Nervenfaser, die lang ist. Das zweite Neuron liegt im Ganglion selbst, hier wird der entsprechende Neurit als postganglionäre Nervenfaser bezeichnet, die hingegen eher kurz ist.[30] Prä- und postganglionär gibt es im Parasympathikus den gleichen Überträgerstoff, nämlich das Azetylcholin.

Der größte Unterschied zwischen dem sympathischen und dem parasympathischen Nervensystem ist, dass ihre Wirkung auf die Organe sich grundlegend unterscheidet und, dass es verschiedene Überträgerstoffe gibt. Aufgrund seiner

---

[26] Vgl. Larsen (2012), S. 13
[27] Vgl. Beck, Anastasiadou/Meyer zu Reckendorf (2016), S. 4
[28] Vgl. Beck, Anastasiadou/Meyer zu Reckendorf (2016), S. 5
[29] Larsen (2012), S. 13
[30] Vgl. Huggenberger et al. (2019), S. 159

Funktionen kann der Sympathikus auch als Notfallsystem bezeichnet werden, wohingegen der Parasympathikus eher das Schutz- bzw. Ausgleichssystem darstellt, weil er Erhaltung und Neugewinnung von Energie gewährleistet.[31] Ebenfalls zum VNS gehört das Enterale Nervensystem (ENS) welches die Verdauungstätigkeit steuert. Dieses Nervensystem unterscheidet sich von Aufbau und Verschaltungsmustern stark vom Sympathikus und Parasympathikus und wird auch als Gehirn des Darms bezeichnet.[32] Das Darmnervensystem kann „Bewegungen des Darmschlauches zur Durchmischung und zum Weitertransport des Darminhaltes und die Sekretionsvorgänge"[33] regeln.

Konkludierend kann man zu der Unterscheidung zwischen SNS und VNS sagen, dass beide Systeme für unterschiedliche Funktionen zuständig sind und dass beide einzeln, aber auch gemeinsam lebenswichtige Aufgaben übernehmen. Ein bedeutsamer Unterschied lässt sich in Abb. 1 erkennen. Bei somatischen Nerven verbindet, wie in Kapitel 1.1 dargestellt, ein Neuron das Zentralorgan mit dem Effektor. Bei vegetativen Nerven sind es i.d.R. zwei Neuronen, die im Sympathikus und Parasympathikus nochmal an unterschiedlichen Stellen umschalten.[34]

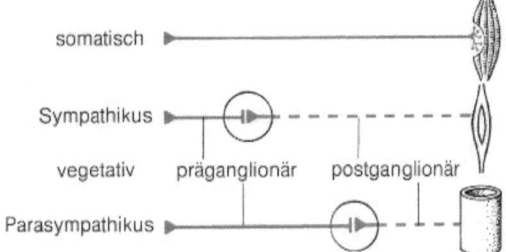

Abbildung 1:   Efferente Strecke somatischer und vegetativer Nerven.
(Quelle: Schiebler (2005), S. 698)

---

[31] Vgl. Larsen (2012), S. 15
[32] Vgl. Kummer (2010), S. 773
[33] Jänig (2006), S. 139
[34] Vgl. Schiebler (2005), S. 698

2. Funktionen von Hypophysen-Hormonen

2.1 Adrenocorticotropes Hormon

Die Hypophyse, also die Hirnanhangsdrüse wird in den Vorderlappen (Adenohypophyse) und den Hinterlappen (Neurohypophyse) aufgeteilt. Die Adenohypophyse produziert verschiedene Hormone, die unterschiedliche Funktionen haben. Glandotrope Hormone sind dafür zuständig, nachfolgende Hormondrüsen zu regulieren, andere nichtglandotrope Hormone wirken dagegen direkt auf die Zielzellen.

Das erste glandotrope Hormon, dessen Funktionen erläutert werden, ist das adrenocorticotrope Hormon (ACTH). Das ACTH ist dafür verantwortlich, die Ausschüttung der Glucocorticoide, der Mineralocorticoide und ebenfalls des Adrenalins zu stimulieren,[35] das wichtigste Glucocorticoid ist für den Menschen das Cortisol.[36] ACTH regt die Nebenniere an, Cortisol und andere Hormone, besonders bei Belastungssituationen, zu produzieren. Cortisol wird dann, nach Stimulation der Nebenniere durch das ACTH, ausgeschüttet und kann zur Regulation des Wachstums beitragen und ist ebenso an verschiedenen Stoffwechselvorgängen, wie z.b. dem Fettstoffwechsel, dem Proteinumsatz oder dem Kohlenhydrathaushalt beteiligt. Ziel der durch Cortisol angeregten Stoffwechselaktivierung ist die Steigerung der dem Körper zur Verfügung stehenden Energie, um Belastungssituationen einmalig oder wiederholt durchzustehen. Durch die Funktionen, die Cortisol zukommen, steht es eng zusammen mit körperlichem sowie geistigem Stress und ist das wichtigste Stress-Hormon des Körpers. Eng im Zusammenhang mit ACTH steht das Corticotropin-Releasing-Hormon (CRH). Dieses steuert die Ausschüttung von Cortisol dadurch, dass ACTH mobilisiert wird, welches wie anfangs erwähnt, die Nebenniere zur Ausschüttung von Cortisol stimuliert. CRH, ACTH und Cortisol stehen in einer Wechselwirkung zueinander. CRH und ACTH bewirken in Kombination die Ausschüttung von Cortisol, welches sehr wichtige Funktionen für den Körper hat. Cortisol wiederum hemmt dann, nachdem es ausgeschüttet wurde, wieder die weitere Bildung von CRH und ACTH. Durch diese

---

[35] Vgl. Kleine/Rossmanith (2010), S. 52; vgl. Clauss/Clauss (2018), S. 196
[36] Vgl. Wuttke (1997), S. 393

Wechselwirkung entsteht eine Normalisierung der Cortisolmenge, die im Körper zirkuliert.[37]

Anhand der Funktionen des ACTH und des damit eng in Verbindung stehenden Cortisols können die Folgen eines Cortisol-Ungleichgewichts abgeleitet werden. „ACTH ist das regulative Hormon, das die Nebennierenrindenzellen zu vermehrter Kortisolsynthese und -sekretion stimuliert."[38] So kann es zu einem Cortisolüberschuss oder -mangel kommen. Bei einem Cortisolüberschuss können Stoffwechselprobleme, Diabetes, Übergewicht oder Depressionen entstehen. Ein Cortisolmangel kann zu Antriebsschwäche, Müdigkeit oder Entzündungen führen.[39] Durch eine episodenhafte Ausschüttung des ACTH kommt es ebenfalls zu einer episodenhaften Ausschüttung des Cortisols, das zeigt sich an tageszeitabhängigen Schwankungen des Blutcortisolspiegels.[40]

ACTH löst eine Reihe von Folgeprozessen aus und hat daher sehr wichtige Funktionen für unseren gesamten Organismus.

2.2 Thyreoideastimulierendes Hormon

Ein weiteres glandotropes Hormon ist das thyreoideastimulierende Hormon (TSH), welches auch als Thyreotropin bezeichnet wird und Wirkungen auf die Schilddrüse hat. Es ist ein Glykoprotein-Hormon, welches in den basophilen Zellen des Hypophysenvorderlappens (HVL) produziert wird.[41] Die Freisetzung dieses Hormons wird durch die release-Hormone und release-inhibiting-Hormone reguliert.[42] TSH gelangt hämatogen, also aus dem Blut stammend, in die Schilddrüse[43], wirkt stimulierend auf diese und regt sie dadurch zu einer vermehrten Synthese und Ausschüttung des Schilddrüsenhormons Thyroxin (T4) sowie Trijodthyronin (T3) an. Die Schilddrüsenhormone wirken wiederum durch eine negative Rückkopplung (Feedback) auf den Hypothalamus und die Hypophyse und

---

[37] Vgl. Neurolab (Jahr unbekannt)
[38] Vgl. Wuttke (1997), S. 393
[39] Vgl. Neurolab (Jahr unbekannt); vgl. Deutsche Gesellschaft für Endokrinologie (2004)
[40] Vgl. Wuttke (1997), S. 393
[41] Vgl. Altmeyer (2018)
[42] Vgl. Köhrle/Schomburg/Schweizer (2014), S.490; vgl. Altmeyer (2018)
[43] Vgl. Altmeyer (2018)

bewirken so eine minimale TSH-Sekretion, wenn eine hohe Schilddrüsenhormonkonzentration im Blut vorliegt. Auch umgekehrt ist bei niedrigem Schilddrüsenhormonspiegel die TSH-Sekretion dann sehr hoch, um dies auszugleichen. Durch diese Art von Feedback zwischen Schilddrüse und Hypophyse kann eine Euthyreose, d.h. eine normale Schilddrüsenfunktion erzeugt und erhalten werden.[44] Die Sekretion des TSH wird durch das hypothalamische Thyreotropin-Releasing-Hormon (TRH) stimuliert, was dann, wie erläutert, die Freisetzung und die Bildung des Schilddrüsenhormons bewirkt.[45] Das für das TSH bedeutsame TRH ist heute als Diagnostikum erhältlich und löst nach Injektion eine sofortige Vermehrung der TSH-Sekretion aus. Als weitere Wirkung zieht die Injektion vermutlich auch eine Stimulierung der Prolactinsekretion mit sich.[46]

In der Schilddrüse hat das TSH die Funktion, eine beschleunigte Teilung der Schilddrüsenzellen, vermehrte Jodaufnahme und eine gesteigerte Produktion von den Hormonen T_4 und T_3 zu bewirken. Zudem kann es eine Umwandlung von T_4 in das wirksamere T_3 fördern (Abb. 2).

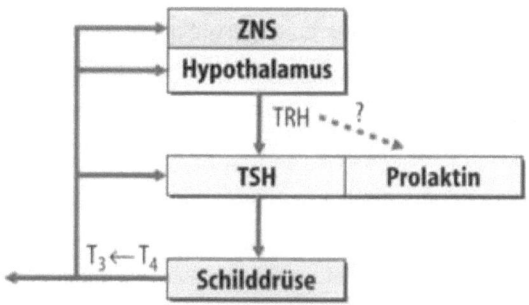

Abbildung 2:   Hypothalamo-hypophyseo-thyreoidaler Regelkreis.
(Quelle: Wuttke (1997), S. 390)

Das TSH hat in der praktischen Anwendung ebenfalls eine große Bedeutung, da bspw. ein sehr hoher TSH-Spiegel im Blut auf eine Schilddrüsenunterfunktion hinweisen kann,[47] was auch mit körperlichen Beschwerden einhergehen kann.

---

[44] Vgl. Altmeyer (2018)
[45] Vgl. Kleine/Rossmanith (2010), S. 54
[46] Vgl. Wuttke (1997), S. 390
[47] Vgl. Altmeyer (2018)

2.3 Growth Hormon

Neben den zwei erläuterten glandotropen Hormonen gibt es das Wachstumshormon (GH = human growth hormone), welches nichtglandotrop ist [48]und direkt oder über die sogenannten Somatomedine (Insulin-like-growth-factor 1 = IGF1[49]), die in der Leber gebildet werden, auf die Zielzellen wirkt.[50] Das Wachstumshormon wird ebenfalls als somatotropes Hormon (STH = Somatropin) bezeichnet.[51] GH ist ein Peptidhormon, welches in der Hypophse in großen Mengen gebildet wird und ins Blut ausgeschüttet wird. Das GH erreicht dann über die Blutbahn die verschiedenen Zellen, wo es seine Wirkung entfaltet.[52] Es fördert zum einen das Zellwachstum und zum anderen die Zellvermehrung, stimuliert Fett- und Glykogenabbau und erhöht langfristig den Blutzuckerspiegel. Ein Mangel des GH führt zu Klein- oder Minderwuchs, wohingegen ein Überschuss zu Riesenwuchs führen kann.[53] GH wirkt sich stark auf die Geschwindigkeit des Knochenwachstums aus. Besonders im Entwicklungsalter des Menschen wird es vermehrt gebildet und ca. bis zum Ende der Pubertät ausgeschüttet. „Es bewirkt die Bildung von neuen Knorpelzellen an der zur Epiphyse gerichteten Oberfläche der Epiphysenfuge. Gleichzeitig werden diese auf der zur Diaphyse zeigenden Seite durch Knochenzellen ersetzt."[54] Durch diesen Vorgang wächst der knöcherne Anteil der Diaphyse konstant, derweil die Epiphysenfuge erhalten bleibt.

Eine vermehrte Sekretion von GH kann durch Hungerhypoglykämie, Stressbedingungen oder durch starke körperliche Aktivitäten ausgelöst werden. Zudem wird das Wachstumshormon in Tiefschlafphasen und episodenhaft von der Hypophyse ohne erkennbaren Auslöser ausgeschüttet. Aufgrund dieser teilweise unvorhersehbaren und episodenhaften Ausschüttung des GH ist es unabdingbar, mehrmalige Messungen des GH-Spiegels im Blut vorzunehmen, bevor man zu einer eindeutigen Beurteilung des Spiegels kommen kann, um Missdeutungen zu vermeiden.

---

[48] Vgl. Müller/Frings/Möhrlen (2019), S. 314
[49] Vgl. Kleine/Rossmanith (2010), S. 63
[50] Vgl. Deutsche Sporthochschule Köln – Institut für Biochemie (Jahr unbekannt)
[51] Vgl. Köhrle/Schomburg/Schweizer (2014), S. 490
[52] Vgl. Deutsche Sporthochschule Köln – Institut für Biochemie (Jahr unbekannt)
[53] Vgl. Kleine/Rossmanith (2010), S. 63; vgl. Clauss/Clauss (2018), S. 196 und S. 69; vgl. Müller/Frings/Möhrlen (2019), S. 314
[54] Clauss/Clauss (2018), S. 68

Aufgrund dessen, dass GH zum Abbau von Fettgewebe und zur Stimulation der Eiweißsynthese beiträgt, wird es heute häufig von Sportlern/Bodybuildern missbraucht, um das Muskelwachstum und den Fettabbau durch seine anabole Wirkung zu steigern. Für therapeutische Anwendungen, also bspw. bei Kleinwuchs bei Kindern, wurde GH teilweise aus der Hypophyse von Verstorbenen gewonnen.[55]

2.4 Prolactin

Die Hypophyse produziert das Hormon Prolactin, welches zahlreiche Funktionen übernimmt, vorwiegend aber mit der Aufrechterhaltung der Voraussetzungen der Brutpflege, also der Arterhaltung, verbunden ist. Zielorgan des Hormons ist im Besonderen die Brustdrüse, wo es die Ingangsetzung sowie die Erhaltung der Laktation, d.h. der Milchabsonderung in der Schwangerschaft und in der Stillzeit bewirkt.[56] Rezeptoren des Hormons Prolactin finden sich aber auch in fast allen anderen Organen des Körpers. Es wird von laktotropen Zellen der Hypophyse produziert und dessen Synthese sowie Sekretion wird (ähnlich wie beim TSH) durch ein Prolactin-Inhibiting-Hormon (PIH) reguliert, das in hypothalamischen Neuronen gebildet wird. PIH ist heute als Dopamin bekannt. Bei optimalen homöostatischen Bedingungen, also bei sich im Gleichgewicht befindlichen Kortisol-, Insulin- sowie Schilddrüsenhormonspiegeln, bewirkt ein hoher bzw. erhöhter Prolactinspiegel im Blut die Milchsynthese in den Brustdrüsen. Aufgrund eines mangelnden Rückkopplungsmechanismus der Brustdrüse koppelt das Prolactin selbstständig zum Hypothalamus zurück, um entsprechende Maßnahmen einzuleiten. Bei erhöter Prolactinsekretion steigt der Dopaminumsatz, das wiederum eine erhöhte Prolactinsekretion vermindert.[57] Prolactin regt in Kombination mit den weiblichen Sexualhormonen Östradiol und Progesteron die Synthese der Milchkomponenten Proteine und Fette an. Während der Stillzeit stimuliert das Oxytocin der Neurohypophyse die Milchsekretion in der Stillzeit.[58]

---

[55] Vgl. Deutsche Sporthochschule Köln – Institut für Biochemie (Jahr unbekannt)
[56] Vgl. Müller/Frings/Möhrlen (2019), S. 314
[57] Vgl. Wuttke (1997), S. 399
[58] Vgl. Müller/Frings/Möhrlen (2019), S. 314

Neben der Milchsynthese hat Prolactin auch eine empfängnisverhütende Funktion. Das Stillen der Mutter kann über den ausgelösten Saugreflex, der als Reiz über sensible Nervenendigungen an den Hypothalamus weitergeleitet wird, eine langanhaltende Prolactin-Produktion auslösen, die im Rückschluss den Eisprung hemmt und somit empfängnisverhütend wirkt.[59] (siehe Abb. 3)

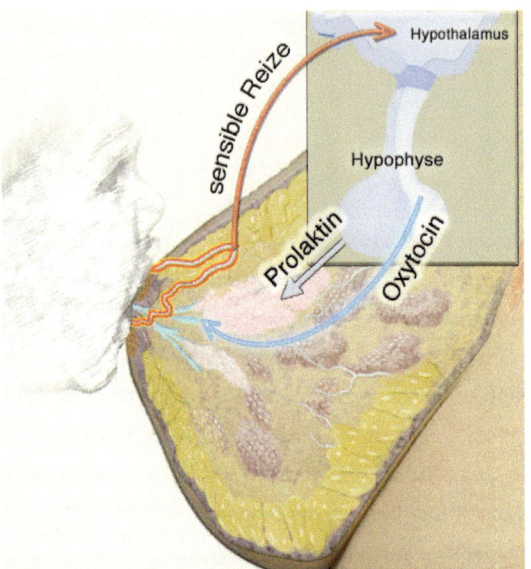

Abbildung 3: Stillen induziert die Hormonproduktion
(Quelle: Pflege und Medizin (Jahr unbekannt))

Durch eine Rückwirkung des Prolactins auf das Gehirn in Kombination mit den Neuropeptiden β-Endorphin und Oxytocin begünstigt es mütterliches und väterliches Verhalten (Mutter-Kind-Beziehung) und löst Fürsorge aus und das nicht nur beim weiblichen, sondern auch beim männlichen Geschlecht.[60]

---

[59] Vgl. Müller/Frings/Möhrlen (2019), S. 314
[60] Vgl. Kleine/Rossmanith (2010), S. 65; vgl. Müller/Frings/Möhrlen (2019), S. 315

3. Neurofeedback

3.1 Prinzip

Um den Begriff Neurofeedback und das dazugehörige Prinzip sowie seine Anwendungsmöglichkeiten erläutern zu können, ist es von Bedeutung, darzustellen,
was Feedback ist und wofür es wichtig ist. Für jeden Lernprozess, egal, ob er
bewusst oder unbewusst abläuft, ist Feedback eine Voraussetzung für Erfolg. Für
alles, was der Mensch lernen möchte bzw. muss, ist es notwendig, dass es eine
Rückkopplung zwischen dem Gewollten und dem Erreichten gibt, was als Feedback bezeichnet werden kann. Unser Gehirn wird ständig mit verschiedenen Rei-
zen konfrontiert und lernt somit auch ständig, sinnvoll auf diese Reize zu reagie-
ren. Dieser so entstehende Regelkreis für Feedbackmechanismen kommt im gesamten Körper vor, bspw. im beschriebenen Hormonsystem der Hypophyse
(siehe Kapitel 2).[61]

Neurofeedback ist eine computergestützte Trainingsmethode, die es ermöglicht,
neuronale Prozesse, denen kognitive, motorische und affektive Funktionen zu-
grunde liegen, willentlich anzusteuern. Der Mensch lernt so, seine eigenen Gehirnaktivitäten in eine bestimmte Richtung zu lenken. Es ist möglich, diese Gehirnaktivitäten durch eine Elektroenzephalographie (EEG), eine Magnetoenze-
phalographie, eine funktionelle Magnetresonanztomographie oder auch eine
Nah-Infrarot Spektroskopie bildlich aufzuzeichnen. Die am häufigsten verwen-
dete Methode, um elektrische Spannungsschwankungen des Gehirns aufzuzeichnen, ist das EEG, da es im Verhältnis zu anderen Methoden eine hohe zeit-
liche Auflösung hat, kostengünstig ist und flexible Messungen ermöglicht. [62]

Während der Durchführung des Neurofeedbacks sitzen die Personen vor einem
Bildschirm, an ihren Köpfen sind Elektroden angebracht, die die Hirnströme mes-
sen. Die Patienten spielen eine Art Computerspiel ohne Tastatur oder andere
Hilfsmittel. Neurofeedback wird häufig anhand der klassischen oder operanten
Konditionierung erklärt, wobei z.B. verschieden farbige Autos auf dem Bildschirm
für Theta, SMR und Beta-Wellen[63] stehen (Abb. 4). Sie bewegen die auf dem

---

[61] Vgl. Wiedemann/Krombholz (2016), S. 4
[62] Vgl. Enriquez-Geppert (2019), S. 186; vgl. Kober/Wood (2020), S. 1
[63] Vgl. Pirker-Binder (2006), S. 89

Bildschirm erscheinenden Figuren anhand ihrer Hirnaktivitäten, die in Echtzeit analysiert und dann dem Patienten zurückgemeldet werden. Dieses so entstehende Feedback in Form von sich bewegenden Figuren hilft dabei, der Person normalerweise nicht direkt wahrnehmbare und steuerbare Gehirnaktivitäten zugänglich zu machen. Ist die Hirnaktivität erwünscht, dann bewegen sich die Figuren auf dem Bildschirm weiter. Ist die Hirnaktivität dagegen nicht erwünscht, dann bewegen sich die Figuren nicht.

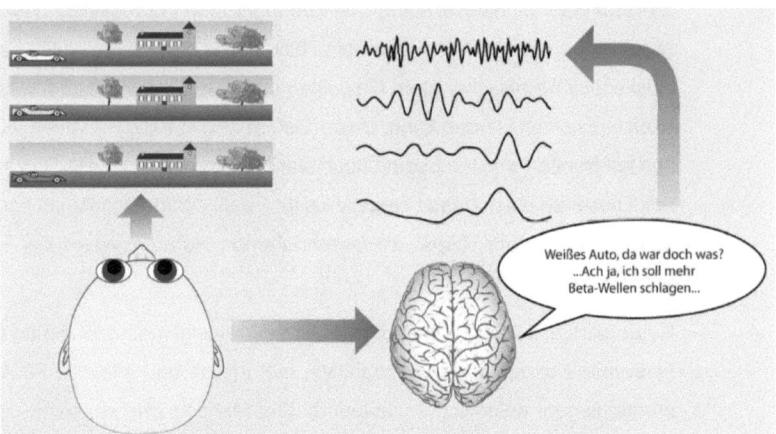

Abbildung 4: Klassische Konditionierung durch Belohnungskarten
(Quelle: Wiedemann/Krombholz (2016), S. 20)

„Dadurch erlernt der Patient mentale Strategien und setzt sie ein, um neuronale Merkmale zu regulieren, die mit bestimmten kognitiven Funktionen oder der Reduzierung von Symptomen zusammenhängen."[64] Der Patient wird durchgehend über aktuelle Hirnaktivitäten informiert, damit er lernt, bestimmte neuronale Aspekte selber zu regulieren. Eine Rückmeldeschleife aus fünf Elementen ermöglicht eine Gehirn-Computer-Schnittstelle, diese Elemente sind:

1. Messung der Hirnaktivitäten durch anfangs genannte Methoden wie das EEG;
2. Echtzeitanalyse gemessener Aktivitäten;
3. Herausfiltern eines bestimmten neuronalen Merkmals, welches verbessert werden soll;
4. Übertragung des extrahierten Merkmals in ein Feedbacksignal und

---

[64] Enriquez-Geppert (2019), S. 186

5. Bemühungen des Patienten, seine Gehirnaktivitäten zu beeinflussen, die dann wiederum in dieser Schleife rückgemeldet werden.[65]

Das Feedback eigener Hirnaktivitäten trägt dazu bei, dass interne Zustände besser wahrgenommen werden können. Eine verbesserte Wahrnehmung innerer Zustände bewirkt eine verbesserte Selbstregulation, die wiederum eine verbesserte Gehirnfunktion mit sich zieht.

Hauptziel des Neurofeedbacks ist, Muster von Fehlregulierungen, die in unserem Gehirn entstehen, zu durchbrechen und so eine bessere Funktion des Gehirns zu erreichen. Beim Neurofeedback werden ausschließlich elektrische Hirnströme der oberen Kortexschicht gemessen und rückgemeldet. Aufgrund der komplexen Verknüpfungen unseres Gehirns ist es dennoch möglich, auch subkortikale und ebenso Hirnstammbereiche zu trainieren und zu verbessern.[66]

3.2 Anwendungsmöglichkeiten

Die Anwendung des Neurofeedbacks in der Praxis ist sehr komplex und erfordert zwingend ein Grundverständnis für Neurophysiologie, Verhaltenstherapie, Neuropathologie und ebenfalls eine ausgesprochene klinische Routine, da ein intensiver Kontakt zu den Patienten bzw. Klienten besteht.[67]

Für Neurofeedback gibt es verschiedene Anwendungsmöglichkeiten in der Praxis, dabei besonders in ärztlichen, psychologischen oder psychotherapeutischen Bereichen. In der Kindertherapie kann Neurofeedback bei Aufmerksamkeitsstörungen oder Epilepsie eingesetzt werden. Ein Defizit, welches durch Neurofeedback-Therapie verbessert werden kann, ist die Aufmerksamkeits-/Hyperaktivitätsstörung (ADHS). Die Anwendung bei ADHS gehört zu einer der am häufigsten durchgeführten Therapiemöglichkeiten und ist daher auch schon am besten untersucht worden.[68] Bestehen bei Kindern bspw. in der Schule große Probleme, sich zu konzentrieren oder Dinge zu lernen, dann kann die Diagnose ADHS eine Ursache dafür sein. Bei betroffenen Kindern zeigen sich im EEG vermehrt Anteile

[65] Vgl. Enriquez-Geppert (2019), S. 186
[66] Vgl. Wiedemann/Krombholz (2016), S. 20
[67] Vgl. Pirker-Binder (2006), S. 89; vgl. Sterman/Egner/Baltin (2009), S. 220
[68] Vgl. Kober/Wood (2020), S. 3

von langsamen Frequenzen im frontalen Bereich des Gehirns, die auf Probleme bei der Konzentration, Emotionskontrolle oder Speichern von Gelerntem hinweisen können und ein geringerer Anteil von schnellen Frequenzen.[69] Während des Neurofeedback-Trainings ist es besonders bei ADHS-Kindern von Bedeutung, dass es eine ständige Betreuung und Motivation durch einen Therapeuten gibt, auch um Schwellenwerte anzupassen. Da es beim Neurofeedback keine klaren Strategien und Techniken gibt, muss bei jedem Patienten neu an der Technik gearbeitet werden.[70] Bei der Therapie von ADHS-Kindern muss damit gerechnet werden, dass zwischen 8 und sogar bis zu 150 Sitzungen notwendig sind, um eine Verbesserung zu erzielen. Dabei ist eine große Herausforderung, die Kinder bei Laune zu halten und sie ständig zu motivieren, sodass Frustrationen gemäßigt werden können. Nach den Neurofeedback-Einheiten ist zudem eine weitere Herausforderung, das Gelernte dann auch in den Alltag transferieren zu können.[71]

Weitere Anwendungsmöglichkeiten für Neurofeedback sind die Behandlung von Angststörungen, Depressionen, Schlafstörungen, Migräne, Schizophrenie oder Tinnitus.[72]

Zu den Personen, die sich einer Neurofeedback-Therapie unterziehen können, zählen nicht nur solche, die ein Defizit haben, wie z.B. verschiedene Gehirnläsionen oder eingeschränkte kognitive Funktionen, sondern auch Personen, die gesund sind und ihre Leistungsfähigkeit verbessern wollen, darunter können bspw. Sportler fallen. Neben der Verbesserung kognitiver Funktionen ist es zudem möglich, neuronale Korrelate von motorischen Funktionen anzusprechen und diese so zu verbessern. Das gelingt dadurch, dass die Vorstellung von Bewegungen im Gehirn auch ähnliche motorische Areale aktiviert, wie es bei tatsächlichen Bewegungen der Fall ist. Eine sinnvolle Therapie bei Schlaganfallpatienten kann daher das Neurofeedback sein. Häufig leiden Schlaganfallpatienten unter Lähmungen. Durch Aktivierung der betroffenen motorischen Hirnareale können diese wieder angeregt werden und zu einer Verbesserung der Symptome des Patienten führen, was durch Studien belegt werden konnte.[73]

---

[69] Vgl. Kober/Wood (2020), S. 3
[70] Vgl. Pirker-Binder (2006), S. 89
[71] Vgl. Pirker-Binder (2006), S. 93-94
[72] Vgl. Kober/Wood (2020), S. 4
[73] Vgl. Kober/Wood (2020), S. 3

Schon seit Jahrzenten wird zudem daran geforscht, durch Gehirnaktivitäten, die in Echtzeit an die betroffenen Personen zurückgemeldet werden, externe Geräte wie z.B. Prothesen oder einen Rollstuhl zu steuern. Diese Forschungen an Brain-Computer-Interfaces (BCI) basieren auf dem Neurofeedback-Prinzip, heben sich allerdings trotzdem etwas davon ab. BCI zielen darauf, mit verschiedenen Strategien Gehirnaktivierungsmuster zu erzeugen, die von einem Computer verstanden werden können.[74]

Im Rahmen der Anwendungsmöglichkeiten der Methode des Neurofeedbacks sollte auch auf Grenzen bzw. Probleme dessen eingegangen werden.

Neben den vielen positiven Effekte, die Neurofeedback nachgesagt werden, gibt es auch Stimmen, die der Neurofeedback-Therapie Placebo-Effekte vorwerfen. Da es nur eine geringe Anzahl Studien gibt, die zu dem Thema durchgeführt wurden und empirische Effekte nachweisen und aufgrund dessen, dass diese Studien zudem teilweise noch methodische Mängel aufweisen, entstanden Zweifel an der Wirksamkeit des Neurofeedbacks. Aktuelle Literatur stellt die Vermutung bzw. die Befürchtung auf, dass Neurofeedback selber gar keine Wirkung hat, sondern nur über Placebo-Effekte wirkt. In dem Rahmen wird auch von dem sogenannten „Neuro-Zauber" gesprochen. Dieser Begriff meint, dass Patienten nach Neurofeedback-Therapie Verbesserungen z.B. in kognitiven Funktionen aufweisen, weil ihnen gesagt wurde, dass Gehirnforscher herausgefunden haben, dass es positive Auswirkungen hat und nicht deshalb, weil sich kognitive Funktionen tatsächlich verbessert haben. Es wird demnach teilweise davon ausgegangen, dass diese Form der Therapie in seiner Wirkung überschätzt wird und seine Kosten und Aufwendungen nicht gerechtfertigt sind.[75]

Aufgrund dieser aktuellen Entwicklungen (2020) und negativen Stimmen gegenüber Neurofeedback ist es zwingend erforderlich, klar zu differenzieren zwischen tatsächlichen Effekten des Neurofeedbacks auf Kognition und Verhalten und Effekten, die durch Erwartungshaltungen oder Placebo entstehen.[76]

Ferner ist zu ergänzen, dass es neben Personen, die tatsächlich – soweit möglich – nachweisbare kognitive Verbesserungen erleben und Personen, die „lediglich" durch Placebo-Effekte Verbesserungen erleben, auch solche gibt, die auch nach mehrfachen Trainingseinheiten nicht dazu in der Lage sind, ihre Gehirnaktivitäten

---

[74] Vgl. Kober/Wood (2020), S. 4
[75] Vgl. Kober/Wood (2020), S. 5
[76] Vgl. Kober/Wood (2020), S. 5

in eine gezielte Richtung zu lenken. Solche Personen, auch Non-Responder genannt, profitieren dann nicht von dieser Methode.[77]

Trotz der konträren Meinungen zur Methode des Neurofeedbacks kann zusammengefasst werden, dass diese Therapie zu spürbaren positiven Erfolgen bei Patienten führen kann, und dass es das Leben von Personen, die so ihre kognitiven oder motorischen Funktionen verbessern konnten, vereinfacht. Wird die Methode des Neurofeedbacks in Zukunft noch weiter verbessert und angepasst, sodass Effekte noch eindeutiger auf die Therapie selbst (und nicht auf Placebo-Effekte) zurückgeführt werden können, dann wird diese in der Anwendung noch weitere Fortschritte machen können.

---

[77] Vgl. Kober/Wood (2020), S. 7

4. Literaturverzeichnis

Altmeyer, P. (2018), TSH – Altmeyers Enzyklopädie, https://www.enzyklopaedie-dermatologie.de/innere-medizin/tsh-110940, abgerufen am 25.03.2020.

Beck H./ Anastasiadou S./ Meyer zu Reckendorf C. (2016), Faszinierendes Gehirn. Berlin, Heidelberg: Springer Spektrum.

Clauss, W./ Clauss, C. (2018), Humanbiologie kompakt. Berlin, Heidelberg: Springer.

Deutsche Gesellschaft für Endokrinologie – Hormone und Stoffwechsel (2004), Hypophyseninsuffizienz, https://www.endokrinologie.net/hypophyseninsuffizienz.php, abgerufen am 24.03.2020.

Deutsche Sporthochschule Köln – Institut für Biochemie (Jahr unbekannt). Wachstumshormon (Growth Hormone, GH), https://www.dshs-koeln.de/institut-fuer-biochemie/doping-substanzen/doping-lexikon/w/wachstumshormon-growth-hormone-gh/, abgerufen am 25.03.2020.

Enriquez-Geppert, S. (2019), Neurofeedback aus der Perspektive der Neurowissenschaften: Aktuelle Entwicklungen und Trends, Psychotherapeut, 64. Jg., Nr. 3, S. 186-193.

Huggenberger, S. et al. (2019), Neuroanatomie des Menschen. Deutschland: Springer.

Jänig W. (2006), Vegetatives Nervensystem. In: Schmidt F., Schaible, H.-G. (Hrsg.), Neuro- und Sinnesphysiologie. Berlin, Heidelberg: Springer.

Karim, A. (2015), Biologische Psychologie, Studienbrief der SRH Fernhochschule, Riedlingen.

Kirschbaum, C. (2008), Biopsychologie von A bis Z. Heidelberg: Springer Medizin Verlag.

Kleine, B./ Rossmanith, W. (2010), Hormone und Hormonsysteme: Lehrbuch der Endokrinologie (2. Aufl.), Berlin, Heidelberg: Springer.

Kober, S./ Wood, G. (2020), Möglichkeiten und Grenzen von Neurofeedback, Lernen und Lernstörungen, S. 1-10.

Köhrle, J./ Schomburg, L./ Schweizer, U. (2014), Hormone des Hypothalamus und der Hypohyse. In: Heinrich, P./ Müller, M./ Graeve, L. (Hrsg.), Löffler/Petrides Biochemie und Pathobiochemie. Berlin, Heidelberg: Springer.

Kummer, W. (2010), Vegetatives Nervensystem. In: Zilles, K., Tillmann, B. (Hrsg.), Anatomie. Heidelberg: Springer Medizin Verlag.

Larsen, R. (2012), Anästhesie und Intensivmedizin für die Fachpflege (8. Aufl.), Berlin, Heidelberg: Springer.

Müller, W./ Frings, S./ Möhrlen, F. (2019), Tier- und Humanphysiologie (6. Aufl.), Deutschland: Springer Spektrum.

Neurolab GmbH (Jahr unbekannt), Cortisol – Bedeutung von Cortisol im menschlichen Organismus, https://neurolab.eu/infos-wissen/wissen/hormone/cortisol/, abgerufen am: 24.03.2020.

Pflege und Medizin (Jahr unbekannt), Stillen reduziert das Brustkrebsrisiko, http://www.pflege-und-medizin.de/Brustkrebs/Risikofaktor-Stillen.html, abgerufen am 25.03.2020.

Pirker-Binder, I. (2006), Biofeedback in der Praxis - Band 1: Kinder, Wien: Springer.

Schiebler, T. (2005), Anatomie. Histologie, Entwicklungsgeschichte, makroskopische und mikroskopische Anatomie, Topographie. Unter Berücksichtigung des Gegenstandkatalogs (9. Aufl.), Heidelberg: Springer Medizin Verlag.

Sterman, M./ Egner, T./ Baltin, H. (2009), Neurofeedback. In: Graf, M./ Grill, C./ Wedig, H.-D. (Hrsg.), Beschleunigungsverletzung der Halswirbelsäule, Steinkopff.

Tschabitscher, M. (2011), Neuroanatomie. In: Lehrner, J. et al. (Hrsg.), Klinische Neuropsychologie (2. Aufl.), Wien: Springer.

v. Bergmann, G., Billigheimer, E. (1926), Das vegetative Nervensystem und seine Störungen. In: v. Bergmann, G. et al. (Hrsg.), Erkrankungen des Nervensystems. Handbuch der Inneren Medizin (5. Aufl.), Berlin, Heidelberg: Springer.

Wiedemann, M./ Krombholz, A. (2016), Biofeedback und Neurofeedback. In Haus, K.-M. et al. (Hrsg.), Praxisbuch Biofeedback und Neurofeedback (2. Aufl.), Berlin, Heidelberg: Springer.

Wuttke, W. (1997), Endrokinologie. In: Schmidt, R., Thews, G. (Hrsg.), Physiologie des Menschen, Berlin, Heidelberg: Springer.

BEI GRIN MACHT SICH IHR WISSEN BEZAHLT

- Wir veröffentlichen Ihre Hausarbeit,
  Bachelor- und Masterarbeit

- Ihr eigenes eBook und Buch -
  weltweit in allen wichtigen Shops

- Verdienen Sie an jedem Verkauf

Jetzt bei www.GRIN.com hochladen und kostenlos publizieren